IØ166ØØ3

Presbyterianische Publikationsgesellschaft

Das Soldaten Handbuch

für die Verteidiger des Vaterlandes

Presbyterianische Publikationsgesellschaft

Das Soldaten Handbuch
für die Verteidiger des Vaterlandes

ISBN/EAN: 9783742864994

Hergestellt in Europa, USA, Kanada, Australien, Japan

Cover: Foto ©ninafisch / pixelio.de

Manufactured and distributed by brebook publishing software
(www.brebook.com)

Presbyterianische Publikationsgesellschaft

Das Soldaten Handbuch

Des

Soldaten

Hand - Buch.

Philadelphia.

Presbyterianische Publikations-Gesellschaft,

No. 821 Chesnut-Straße.

Soldaten!

Ein wahrer Soldatenfreund hat dies Büchlein für Euch verfertigt. Ihr könnt es leicht in die Tasche stecken, und in freien Augenblicken einen Theil davon lesen, und vielleicht auch einige Gebete und Lieder auswendig lernen. Unter Gottes Segen kann es Euch nützlich sein, und es ist zu hoffen, daß Ihr es bald besser liebet, als eitle Lieder oder sündliche Lectüre.

Entered according to Act of Congress, in the year 1861, by

JAMES DUNLAP, Treas.,

in the Clerk's Office of the District Court for the Eastern District of Pennsylvania.

Des
Soldaten Hand=Buch.

Achtung! Kameraden, wir sind angeworben für den Krieg, und wir schlagen die Schlachten unsers Landes, nicht für bloße Löhnung, sondern aus Liebe zu unserer freien und edeln Regierung, welche unsere Rechte beschützt und unserer Nation Achtung verschafft hat in der ganzen Welt.

Die Rebellion, welche unsern Frieden unterbrochen hat, und deren Endzweck ist, unsere einst so herrliche Union niederzubrechen, ist das Werk hinterlistiger und ehrgeiziger Menschen, welche die Stimme des Volks mißachtet haben.

Wir hassen unsere südlichen Brüder nicht, aber wir betrauern die hinterlistigen Menschen, welche viele hintergangen und in einen Krieg hineingezogen haben, der bereits den Verlust vieler Menschenleben und die Zerstörung vielen Eigenthums verursacht hat.

Wir fechten für die Union, für die Regierung, und für die glorreiche Flagge, deren Sterne und Streifen von allen Nationen der Erde geachtet worden sind.

Wir fechten für das geheiligte Andenken unserer Revolutionsväter, welche freudig ihr Herzblut vergossen haben für unsere Unabhängigkeit.

5

Wir verpfänden unser Leben, unser Eigenthum und unsere heilige Ehre, nie in unsern Anstrengungen nachzulassen, bis unsere Nation triumphiren wird über alle ihre Feinde, und bis sie gesegnet sein wird mit einem ehrenvollen Frieden und mit der Wiederkehr der Verführten zum Eid der Treue.

Um aber unserer schwierigen Aufgabe gewachsen zu sein, müssen wir ein Herz haben voll Tapferkeit, voll Gehorsams gegen Disciplin, voll Willigkeit zur Ertragung von Strapazen und voll Gottvertrauen.

Kameraden! wir haben die stärksten Beweggründe, die Religion zu unserer Freundin zu machen. Unser Beruf ist ein gefährlicher; wir haben Seelen, welche ewig leben, und die Religion Christi ist der einzige Weg, auf welchem wir von unserer Rebellion gegen Gott zur Versöhnung und Wiedervereinigung mit Ihm, zur wahren Gewissensruhe in der Zeit und zur Himmelsruhe in der Ewigkeit gelangen können.

Als ein aufrichtiger Soldatenfreund haben wir dieses Handbüchlein verfertigt. In den Freistunden nehmt es in eure Hände; ihr werdet es nie bereuen. Ein Soldat Christi zu sein ist die höchste Ehre, die ein Menschenkind erlangen kann. Nach diesem Ruhm dürste ein Jeder, der diese Blätter liest.

Soldaten! setzt Euer Vertrauen auf Gott!

Dieses ist die Pflicht von jedem Manne, denn Gott ist unser Schöpfer, unser Vater und unser täglicher Wohlthäter, und es ist schnöde Undankbarkeit, die Ehrfurcht vor Ihm zu verwerfen. — Soldaten sollten besonders Zutrauen zu Ihm haben; Er ist ja der Einzige, der sie erhalten kann in ihrer täglichen Gefahr, der sie ausgesetzt sind. Ist es nicht gut, einen solchen mächtigen Freund zu haben, wenn Krankheit und wüthende Schlachten uns angreifen? In der größten Gefahr ist Er ein besserer Beschützer, als der stärkste Harnisch.

Um seine göttliche Hülfe zu gewinnen in Gefahr, muß man lernen Ihm zu trauen alle Zeit. Sollte dieses vernachlässigt werden, so werden wir finden, daß es sehr schwer ist, unsere Gedanken zu Ihm zu wenden, wenn die Stunde der Gefahr kommt.

Viele arme Gefährten werden rufen G n a d e auf dem Schlachtfelde, oder bei Schiffbruch; aber sie fühlen bange, nicht gehört zu werden, indem sie den lieben Gott gewöhnlich vergessen hatten, bevor die Gefahr auf sie kam.

Mache den lieben Gott zu deinem Freunde zu allen Zeiten, und Er wird dich nicht vergessen in Gefahr. Deine Gedanken mögen so zerstreut sein in der Stunde der Schlacht, daß du nicht fähig bist, deine Gedanken zu sammeln; aber es wird ganz wohl um dich stehen, wenn du zuvor Gott zu deinem Freunde gemacht hast.

Soldaten sollten sich gewöhnen, täglich zu beten.

Unser Leben ist kurz, und deßwegen ist es nothwendig zu beten, sowohl in Gesundheit als in Krankheit; im Frieden, im Krieg; in Zeit der

Sicherheit und in Zeit der Gefahr. Der nämliche Gott ist nothwendig für uns in jeder möglichen Weise.

Gott, in seinem heiligen Worte, verlangt von uns, Ihn zu bitten für unsere Bedürfnisse zu jeder Zeit, mit Flehen und Gebet, und gewiß ist es eine billige Pflicht.

Soldaten sollten sich nicht schämen zu beten, wenn schon einige gedankenlose und lüderliche Menschen sie deßhalb ausspotten. Was! sich schämen, den großen Schöpfer und Regierer von Himmel und Erde, der die Geschicke aller Nationen in der Hand hält, anzurufen? Welch' ein Unsinn ist das! Menschen haben alle Ursache, sich der Sünde zu schämen; aber sicher nur Narren können sich schämen, Gott anzuerkennen als den Urquell alles wahren Glücks für Einzelne und Nationen. Würdig eines mit Vernunft und freiem Willen begabten Geschöpfs ist das Gebet, und die größten und besten Menschen, die je gelebt haben, haben sich nicht geschämt, diese männliche Pflicht zu verrichten.

Inbrünstiges und ernstliches Gebet zu Gott durch Jesum Christum, den Erlöser, stählt die Seele zu jeder Zeit, verleiht ihr Muth und Tapferkeit am Tage der Schlacht, und bringt den süßesten Frieden und das freudigste Vertrauen in das Menschenherz.

Soldaten können immer eine Zeit zum Beten finden, wenn sie eine Neigung dazu spüren. Selbst im Feld mögen sie einige Kameraden finden, welche sich mit ihnen vereinigen in dieser heiligen Uebung, und wenn gerade außer Dienst, können sie irgendwo einen Platz finden, wo sie ihr Herz vor Gott ausschütten können. Selbst im schlimmsten Fall, wenn um sie her lauter Geräusch ist, können sie ihres Herzens Begehren in der Stille ihrem Gott kundgeben. Gebet ist ja mehr Sprache des Herzens als der Lippen, und darum kann ein Mensch hundert Mal des Tages beten, wenn es ihm eine liebe Pflicht ist.

Soldaten sollten oft in der Bibel lesen.

Die Bibel ist Gottes Offenbarung an den Menschen, und sie gibt uns viele wichtige Aufschlüsse. Schau' einmal an, in welchem bedauernswürdigen Zustand der Sünde und Unwissenheit sich die heidnischen Nationen befinden, welche keine Bibel haben! — Wir haben keine solche Entschuldigung. Wir haben eine offene Bibel, und was können wir daraus lernen? Sie sagt uns: es ist Ein lebendiger und wahrhaftiger Gott, ewig und unerreichbar in seinen Vollkommenheiten, und Ihm allein gebührt die Anbetung im Geist und in der Wahrheit.

Sie sagt uns, daß wir Alle Sünder sind, die den rechten Weg verlassen, und die sich Gottes Zorn und des Teufels Bosheit ausgesetzt haben.

Sie sagt uns, daß wir seit unserm Abfall von Gott erfüllt sind mit bösen Neigungen, die uns in alle Arten von Sünden hineintreiben, welche Gott gewißlich bestrafen wird in dieser und der nächsten Welt, es sei denn wir bereuen unsere Missethaten und kehren um von unsern Sündenwegen.

2

Sie sagt uns, wir seien solche Sklaven der Sünde, daß wir nichts Wirksames thun können zu unserer Seele Errettung ohne Gottes Gnade.

Sie sagt uns: Jesus Christus ist der einzige Erlöser, der Mensch wurde, und in die Welt kam zu suchen und selig zu machen was verloren ist. Er ist der gnädige und liebreiche Heiland, der Keinen, auch selbst den größten Sünder, nicht hinausstößt, der zu ihm kommt im Glauben an Seine Erbarmung, und im Vertrauen auf die Verdienste Seines Gehorsams und Seines Opfertodes. Wenn wir zu Ihm kommen, gerade wie wir sind, beladen mit all' unserer Schuld, wird Er voll Erbarmung auf uns herabblicken und sagen: „Sei getrost, alle deine Sünden sind dir vergeben." Er ist das Lamm Gottes, auf welchen unsere Sünden gelegt wurden, und der da starb an unserer Statt, so daß der Gerechtigkeit Gottes vollkommen Genüge geleistet und unsere Versöhnung bewirkt wurde.

Sie sagt uns, wir müssen Buße thun, der Versuchung widerstehen, Gottes Gesetz halten und ein heiliges Leben führen. Mit Einem Wort, die heilige Schrift offenbart uns Alles, was wir zu glauben und zu thun haben, und macht uns vertraut mit süßen Verheißungen und kostbarem Trost. Ist Jemand weise, so wird er die Bibel zur Hand nehmen, die in der dunkeln und sündenvollen Welt ihm als sicherer und hellstrahlender Leitstern den rechten Weg zum Ziele klar zeigen wird.

Soldaten sollten allen Reizungen zur Sünde männlich widerstehen.

Im Lagerleben gibt es viele Versuchungen, welchen zu widerstehen es großer Entschlossenheit bedarf. Einige Eurer Kameraden mögen Ungläubige sein, die über alle Religion spotten; andere mögen ruchlose Schwörer sein, welche Gottes Namen mißbrauchen. Andere mögen schmutzig und zügellos in ihren Reden sein, und die schreckliche Unreinheit ihrer Einbildungskraft bloßlegen. Andere mögen Trunkenbolde sein, Lügner und Diebe; mit einem Worte, jedes Laster mag möglicherweise cremplificirt sein bei dem einen oder andern Bewohner des Lagers. Ein guter Soldat muß wie ein Fels dastehen gegen alle diese Reizungen zur Sünde. Seine wahre Mannheit sollte ihn dies lehren, und die Rücksicht für seine eigene Seele und seine Pflicht gegenüber von Gott, sollten ihn bewahren, in diese Fallstricke zu fallen. Will er nicht entehrt sein, so wird er gewissenhaft alle diese übeln Gewohnheiten vermeiden, welche zuletzt nothwendig ihn in's Verderben stürzen müßten. Der Soldat, der da wünscht, daß man ihm traut und ihn respectirt und der emporkommen will, der wird zeigen, daß er erhaben ist über diese niedrigen Laster, worüber die Engel im Himmel weinen und nur die Teufel sich freuen. „Mein Sohn, wenn dich die bösen Buben locken, so folge ihnen nicht."

Soldaten sollten die militärischen Regulirungen genau befolgen.

Soldaten wissen, daß dies ihre Pflicht ist; aber anstatt eines mürrischen Gehorsams, sollten sie freudig und flink sein im Gehorsam gegen die Order, und entschlossen, sich auszuzeichnen in allem, was zu einem geschickten und wohlunterrichteten Soldaten gehört. Einige Soldaten sind nachlässig in ihren Gewohnheiten, und ohne den rechten Ehrgeiz, eine höhere Stellung einzunehmen; natürlich Solchen wird es auch nie gelingen, daß ihre Offiziere etwas auf sie halten.

Erfahrenheit im Exerciren und Aufmerksamkeit auf alle Armee-Befehle wird eine ausgezeichnete Vorbereitung für's Schlachtfeld sein. Soldaten dieser Classe weichen nie in Gefahr, und denken nie an feige Flucht. Ein panischer Schrecken ergreift nie Regimenter, die gut einexercirt sind, weil in solchen jeder Einzelne fühlt, daß er sich auf seine Kameraden verlassen kann. Der beste Weg, für seine Sicherheit zu sorgen, ist, ein guter und aufmerksamer Soldat zu sein.

Soldaten sollten nie grausam sein.

Der Krieg ist im besten Fall eine schreckliche Nothwendigkeit. Krankheit, Wunden und Tod sind Dinge, die im Felde häufig vorkommen, und Jeder sollte eine zarte Theilnahme fühlen für seine leidenden Kameraden und bemüht sein, ihnen Hülfe und Linderung zu verschaffen. In den Kranken und

Verwundeten erweckt es immer lebhaften Dank, wenn sie wissen, daß ihre Kameraden für sie fühlen, und bereit sind, ihnen Hülfe zu leisten.

Auch sollte man stets eingedenk sein, daß, wenn irgendwelche Verwundete vom Feind in unsere Hände fallen, solche nicht mehr als Feinde, sondern als Mitgeschöpfe zu behandeln sind. Menschlich sollte man mit ihnen umgehen, und statt sie zu insultiren und zu vernachläßigen, sollte der Soldat ein barmherziger Samariter sein und ihre Wunden verbinden, und ihre Leben, wo möglich, retten. Dies wird Gott wohlgefällig und lobenswerth auch vor Menschen sein.

Einige kurze Gebete.

Morgens.

Allmächtiger Gott! Du hast während des Schlafes über mich gewacht und mich gesund erhalten bis an den Morgen. Dafür danke ich Dir. Dein allmächtiger Arm war mein Schutz unter allen Gefahren, die mich umgeben hatten, und noch bin ich im Lande der Lebendigen. Gib mir Deinen heiligen Geist, daß ich diesen Tag zubringe in Deiner Furcht, und bewahre mich durch den Einfluß Deiner heiligmachenden Gnade vor aller Sünde und Versuchung. Mache mich aufmerksam auf meine Pflicht, wachsam gegen Zorn und alles böse Geschwätz; nachdenksam über meine Seele. Mache

mich fröhlich und glücklich in der Lebens=Gemein=
schaft mit Dir, mag kommen was da will. Dies
bitte ich im Namen Jesu. Amen.

Abends.

Am Schluß eines andern Tages begehre ich, mich
nach Leib und Seele Deinem Schutze anzu=
empfehlen, o mein Gott, der Du weder schläfst noch
schlummerst. Gib meinem ermatteten Leibe erquik=
kende Ruhe, und möge während der Nacht kein un=
erwarteter Angriff des Feindes stattfinden. Gott!
bewahre meine Kameraden; laß sie keinen Schaden
nehmen an Leib oder an Seele, und möge Keiner
in seinen Sünden und ohne Vorbereitung abgeru=
fen werden zu Deinem Richterstuhl. Vergib m i r
alle meine Sünden, die ich v o n G r u n d m e i=
n e s H e r z e n s b e r e u e, mit dem festen Vorha=
ben, Dir treuer zu dienen. Erhalte mich beständig
in Deiner Gnade, laß mich jetzt ruhen in Deinem
Erbarmen, und morgen beim Aufwachen meine Ge=
danken noch bei Dir sein. Dies bitte ich um des
Versöhntodes Christi willen. Amen.

Auf der Feldwache (Piquet).

Mein Gott! ich bin kommandirt, auf diesem
Posten der Gefahr zu stehen. Dich bitte ich
um Deine gnadenreiche Gegenwart. Ist es Dein
heiliger Wille, so laß nicht zu, daß der Feind mich
plötzlich angreife oder eine feindliche Kugel mich
niederschmettere. Und da das Leben Anderer mei=
ner Wachsamkeit anvertraut ist, so laß mich guten

Gebrauch machen von meinen Augen und Ohren, um zu warnen bei herannahender Gefahr. Mit Dir will ich mein Herz beschäftigen, als mit meinem besten Freund. Möge Niemand je von mir sagen können, ich sei meiner Pflicht untreu gewesen. Dies bitte ich demüthig im Namen Jesu. Amen.

In Erwartung einer Schlacht.

Allmächtiger Gott! von dem ich das Leben empfing, und der es mir erhalten hat bis auf den gegenwärtigen Augenblick; Deiner heiligen Bewahrung möchte ich demüthig und vertrauensvoll mich anempfehlen in Voraussicht der kommenden Schlacht. Mögen Gedanken, wie sie einer so feierlichen Gelegenheit angemessen sind, meinen Geist einnehmen, damit ich in der Furcht Gottes muthig vorwärts gehe. Im Glauben, daß die Sache, für die ich kämpfe, eine gerechte ist, bitte ich Dich um Muth und Entschlossenheit, damit ich als tapferer Soldat meine Schuldigkeit treulich thue. Du bist mein allmächtiger Schild, und kannst mich mitten in der Gefahr wohl bewahren. Stärke mich, meinen Posten fest zu behaupten, und verbanne alle feige Furcht aus meinem Herzen. Unter dem Schatten Deiner Vorsehung fühle ich ganz ruhig und sicher; denn Dir vertraue ich mich völlig an für Leben und für Sterben. Du hast mir eine ewige Erlösung erwerben lassen durch Deinen vielgeliebten Sohn. Vergib mir, dies bitte ich, alle Sünden meines Lebens, die ich auf's tiefste beweine und verabscheue; laß das kostbare Blut Jesu Christi mich rein waschen von aller Befleckung des Fleisches und des Geistes, damit auf diese Weise der Stachel des Todes für mich völlig gebrochen sei. Denn die wahre Bitterkeit des Todes besteht ja nur in der unvergebenen Sünde. O mögen auch alle meine Kameraden zu Deiner im Opfertod Christi geoffenbarten Erbarmung mit mir ihre Zuflucht von Herzensgrund nehmen, um dem zukünftigen Zorn am großen Gerichtstage zu entrinnen. Deine Barmherzigkeit flöße uns Muth und Kraft ein, daß der Sieg bei unsern Fahnen bleibe; treibe in die Flucht unsere Feinde, welche in Rebellion gegen die gesetzmäßige Regierung wüthen. Vergib auch unsern Feinden jedoch ihre Sünden, errette ihre Seelen und erleuchte sie, daß sie zur Treue gegen den Staatenbund zurückkehren. Nun, mein Gott, Dir befehle ich freudig jetzt Leib und Seele. Auch in dem Lärm der Schlacht bleibe beständig in meinem Herzen. Erhöre mein inbrünstiges Flehen! Dir, dem dreieinigen Gott, Vater, Sohn und heiligen Geist, sei Lob und Preis und Anbetung jetzt und von Ewigkeit zu Ewigkeit. Amen.

In Krankheit oder Verwundung.

Gerechter Gott! Du hast für gut befunden, mich vom activen Dienst auf die Seite zu stellen, und Pein und Leiden mir zu bestimmen. Verleih' mir Deine Gotteskraft und Gnade, mich geduldig Deinem heiligen Willen zu unterwerfen, und bewahre mich vor Murren und aller Unzufriedenheit. Du kannst die Krankheiten meines Leibes heilen und die angewendeten Mittel wirksam machen. Ge-

reicht es zu Deiner Ehre, so laß meine Gesundheit
wieder hergestellt werden, um Gott und meinem
Land noch ferner zu dienen. Verleih' mir aber auch
Gnade, für alle Fälle gerüstet zu sein, so daß bei
mir zur vollen Wahrheit werde: „Lebe ich, so lebe
ich dem Herrn; sterbe ich, so sterbe ich dem Herrn;
darum ich lebe oder sterbe, so bin ich des Herrn."
Dies bitte ich um meines Erlösers willen. Amen.

Um göttliche Führung.

O Gott, der Du Gebet und Flehen erhörst, erfülle
mein Herz nach Deiner unergründlichen Erbarmung mit Deiner Gnade, damit ich in Deiner
Gemeinschaft fest bewahrt bleibe unter allen Versuchungen des Lagerlebens. Umgeben, wie ich bin,
von Vielen, welche die Furcht Gottes nicht vor ihren
Augen haben, und deren Reden und Betragen gott-
los ist, bewahre mich fest, daß ich von ihrem bösen
Beispiel nicht mit fortgerissen werde. Gegenwär-
tiger Gott! möge ich mich scheuen, irgend eine
Sünde wissentlich und vorsätzlich zu begeben. Bewahre mich besonders, Deinen heiligen Namen je
zu mißbrauchen, oder gedankenlos und leidenschaft-
lich profane Reden zu führen, denn Du wirst Den
nicht ungestraft lassen, der Deinen Namen miß-
braucht. Bewahre mich auch vor aller Unmäßig-
keit, durch welche die Vernunft verfinstert und die
Seele untüchtig gemacht wird für Deine Gegenwart. Erlöse mich auch von jeder andern Sünde.
Wenn ich zur Erfüllung schwerer und gefährlicher
Pflichten gerufen werde, so sei Du mein großer Be-

3

schützer. Erfülle meine Seele mit Deiner Furcht
und Liebe, reinige mich von jeglicher Sünde meines
Lebens durch das Blut Christi, und versöhne mich
mit Dir selbst durch Sein Versöhnopfer so völlig,
daß ich immer bereit und wachend von Dir erfun-
den werde, und froh sprechen kann: „Der Herr ist
meine Zuversicht und meine feste Burg in jeder
Noth." Alles dieses bitte ich im Namen Jesu
Christi. Amen.

Fürbitte für Andere.

Herr Gott! Ich möchte nicht allein für mich selbst
beten, sondern auch für alle Menschen. Segne
besonders alle meine Freunde und Anverwandten
nah und ferne. Wirke in ihnen Buße und lebendigen Glauben an deine freie Gnade in Christo; be-
kehre Du sie, so sind sie bekehrt, und mache sie tüch-
tig für die Pflichten und Versuchungen des Lebens,
für Tod, Gericht und Himmel. Segne auch meine
Feinde, wenn ich welche habe; mögen sie meine
Freunde werden. Blick in Gnaden herab auf meine
Kameraden, auf die Gesunden und auf die Kranken, und erfülle ihre Herzen mit göttlicher Liebe.
Segne die ganze Menschheit. Möge bald überall
Dein Friedensreich anbrechen. Möge das Evange-
lium verkündigt werden allen Nationen, und überall
hin die frohe Botschaft erschallen: „Ehre sei Gott
in der Höhe, Friede auf Erden, und an den Menschen ein Wohlgefallen." Amen.

Auswahl von Schriftstellen.

Gott führt den Vorsitz über die Armeen, und Seine Gunst entscheidet den Erfolg.

Denn in uns ist nicht Kraft gegen diesen großen Haufen, der wider uns kommet. Wir wissen nicht, was wir thun sollen: Sondern unsere Augen sehen nach Dir. 2 Chron. 20, 12.

Er ist Gott Israel, Er wird dem Volke Macht und Kraft geben: Gelobet sei Gott. Pf. 68, 35.

David aber sprach zu dem Philister: Du kommst zu mir mit Schwert, Spieß und Schild: Ich aber komme zu dir im Namen des Herrn Zebaoth, des Gottes des Zeuges Israel, die du gehöhnet hast. 1 Sam. 17, 45.

Denn der Herr euer Gott gehet mit euch, daß Er für euch streite mit euern Feinden, euch zu helfen. 5 Mose 20, 4.

Sondern fürchtet den Herrn, euern Gott, der wird euch erretten von allen euern Feinden. 2 Kön. 17, 39.

Denn aller Zeug, der wider dich zubereitet wird, dem soll's nicht gelingen. Jes. 54, 17.

Wenn du in einen Krieg zeugst wider deine Feinde, und siehest Roß und Wagen des Volks, das größer sei denn du, so fürchte dich nicht vor ihnen: denn der Herr, dein Gott, ist mit dir. 5 Mose 20, 1.

Der Herr ist der rechte Kriegsmann; Herr ist Sein Name. 2 Mose 15, 3.

Herr, Deine rechte Hand thut große Wunder, Herr, Deine rechte Hand hat die Feinde zerſchlagen. Und mit Deiner großen Herrlichkeit haſt Du Deine Widerwärtigen geſtürzet. 2 Moſe 15, 6. 7.

Seid getroſt und unverzagt; fürchtet euch nicht und laſſet euch nicht vor ihnen grauen: denn der Herr dein Gott wird ſelber mit dir wandeln, und wird die Hand nicht abthun, noch dich verlaſſen. 5 Moſe 31, 6.

Und der Herr ſprach zu Joſua: Fürchte dich nicht vor ihnen: denn Ich habe ſie in deine Hände gegeben; Niemand unter ihnen wird vor dir ſtehen können. Joſua 10, 8.

Auswahl von Pſalmen.

1.　　**Pſalm XCI. (91.)**

Gott unſere rechte Zuflucht in Zeiten der Gefahr.

1. Wer unter dem Schirme des Höchſten ſitzet, und unter dem Schatten des Allmächtigen bleibet:

2. Der ſpricht zu dem Herrn: meine Zuverſicht und meine Burg, mein Gott, auf den ich hoffe.

3. Denn Er errettet dich vom Stricke des Jägers, und von der ſchädlichen Peſtilenz.

4. Er wird dich mit Seinen Fittigen decken, und deine Zuverſicht wird ſein unter Seinen Flügeln: Seine Wahrheit iſt Schirm und Schild.

5. Daß du nicht erſchrecken müſſeſt vor dem Grauen des Nachts, vor den Pfeilen, die des Tages fliegen.

6. Vor der Pestilenz, die im Finstern schleicht; vor der Seuche, die im Mittag verderbet.

7. Ob Tausend fallen zu deiner Seite, und Zehntausend zu deiner Rechten, so wird es doch dich nicht treffen.

8. Ja, du wirst mit deinen Augen deine Lust sehen, und schauen, wie es den Gottlosen vergolten wird.

9. Denn der Herr ist deine Zuversicht, der Höchste ist deine Zuflucht.

10. Es wird dir kein Uebels begegnen, und keine Plage wird zu deinen Hütten sich nahen.

11. Denn Er hat Seinen Engeln befohlen über dir, daß sie dich behüten auf allen deinen Wegen:

12. Daß sie dich auf den Händen tragen, und du deinen Fuß nicht an einen Stein stoßest.

13. Auf den Löwen und Ottern wirst du gehen, und treten auf die jungen Löwen und Drachen.

14. Er begehret Mein, so will Ich ihm aushelfen. Er kennet Meinen Namen, darum will Ich ihn schützen.

15. Er rufet Mich an, so will Ich ihn erhören; Ich bin bei ihm in der Noth, Ich will ihn herausreißen und zu Ehren machen.

16. Ich will ihn sättigen mit langem Leben, und will ihm zeigen Mein Heil.

2. Psalm XXXII. (32.)

Wie man recht glücklich sein kann.

1. Eine Unterweisung Davids.

Wohl dem, dem die Uebertretungen vergeben sind, dem die Sünde bedecket ist.

2. Wohl dem Menſchen, dem der Herr die Miſſe=
that nicht zurechnet, in deß Geiſt kein Falſch iſt.

3. Denn da ich's wollt' verſchweigen, verſchmach=
teten meine Gebeine durch mein tägliches Heulen.

4. Denn Deine Hand war Tag und Nacht
ſchwer auf mir, daß mein Saft vertrocknete, wie es
im Sommer dürre wird, Sela.

5. Darum bekenne ich Dir meine Sünde, und
verhehle meine Miſſethat nicht. Ich ſprach: Ich will
dem Herrn meine Uebertretungen bekennen; da ver=
gabeſt Du mir die Miſſethat meiner Sünde, Sela.

6. Dafür werden Dich alle Heiligen bitten zur
rechten Zeit: darum, wenn große Waſſerfluthen
kommen, werden ſie nicht an dieſelbigen gelangen.

7. Du biſt mein Schirm, Du wolleſt mich vor
Angſt behüten, daß ich, errettet, ganz fröhlich rüh=
men könne, Sela.

8. Ich will dich unterweiſen, und dir den Weg
zeigen, den du wandeln ſollſt, Ich will dich mit
Meinen Augen leiten.

9. Seid nicht wie Roſſe und Maulthiere, die nicht
verſtändig ſind, welchen man Zäume und Gebiß
ins Maul legen muß, wenn ſie nicht zu dir wollen.

10. Der Gottloſe hat viel Plage: wer aber auf
den Herrn hoffet, den wird die Güte umfangen.

11. Freuet euch des Herrn, und ſeid fröhlich, ihr
Gerechten, und rühmet all' ihr Frommen.

3. Pſalm CIII. (103.)

Lob Gottes für ſeine Güte.

1. Ein Pſalm Davids.

Lobe den Herrn, meine Seele, und was in mir
ist, Seinen heiligen Namen.

2. Lobe den Herrn, meine Seele, und vergiß
nicht, was Er dir Guts gethan hat.

3. Der dir alle deine Sünde vergibt, und heilet
alle deine Gebrechen.

4. Der dein Leben vom Verderben erlöset, der
dich krönet mit Gnade und Barmherzigkeit.

5. Der deinen Mund fröhlich machet, und du
wieder jung wirst wie ein Adler.

6. Der Herr schaffet Gerechtigkeit und Gericht
Allen, die Unrecht leiden.

7. Er hat seine Wege Mose wissen lassen, die
Kinder Israel sein Thun.

8. Barmherzig und gnädig ist der Herr, geduldig
und von großer Güte.

9. Er wird nicht immer hadern, noch ewiglich
Zorn halten.

10. Er handelt nicht mit uns nach unsern Sünden, und vergilt uns nicht nach unserer Missethat.

11. Denn so hoch der Himmel über der Erde ist,
läßt Er seine Gnade walten über die, so Ihn fürchten.

12. So ferne der Morgen ist vom Abend, läßt
Er unsere Uebertretung von uns sein.

13. Wie sich ein Vater über Kinder erbarmet,
so erbarmet sich der Herr über die, so ihn fürchten.

14. Denn Er kennet, was für ein Gemächte wir
sind; Er gedenket daran, daß wir Staub sind.

15. Ein Mensch ist in seinem Leben wie Gras,
er blühet wie eine Blume auf dem Felde.

16. Wenn der Wind darüber gehet, so ist sie
nimmer da, und ihre Stätte kennet sie nicht mehr.

17. Die Gnade aber des Herrn währet von Ewigkeit zu Ewigkeit über die, ſo Ihn fürchten, und Seine Gerechtigkeit auf Kindes=Kind.

18. Bei denen, die Seinen Bund halten, und gedenken an ſeine Gebote, daß ſie darnach thun.

19. Der Herr hat Seinen Stuhl im Himmel bereitet, und Sein Reich herrſchet über Alles.

20. Lobet den Herrn, ihr ſeine Engel, ihr ſtarken Helden, die ihr Seinen Befehl ausrichtet, daß man höre die Stimme Seines Worts.

21. Lobet den Herrn alle Seine Heerſchaaren, Seine Diener, die ihr Seinen Willen thut.

22. Lobet den Herrn alle Seine Werke an allen Orten Seiner Herrſchaft. Lobe den Herrn meine Seele.

4. Pſalm CXXI. (121.)

Gott unſer Schutz.

1. Ein Lied im höhern Chor.

Ich hebe meine Augen auf zu den Bergen, von welchen mir Hülfe kommt.

2. Meine Hülfe kommet vom Herrn, der Himmel und Erde gemacht hat.

3. Er wird deinen Fuß nicht gleiten laſſen, und der dich behütet, ſchläfet nicht.

4. Siehe, der Hüter Iſraels ſchläft, noch ſchlummert nicht.

5. Der Herr behütet dich, der Herr iſt dein Schatten über deiner rechten Hand:

6. Daß dich des Tages die Sonne nicht ſteche, noch der Mond des Nachts.

7. Der Herr behüte dich vor allem Uebel, Er behüte deine Seele.

8. Der Herr behüte deinen Ausgang und Eingang, von nun an bis in Ewigkeit.

5. Psalm LI. (51.)

Gebet um Verzeihung der Sünden.

1. Ein Psalm Davids, vorzusingen.

2. Da der Prophet Nathan zu ihm kam, als er war zu Bath Seba eingegangen.

3. Gott, sei mir gnädig, nach Deiner Güte, und tilge meine Sünde nach Deiner großen Barmherzigkeit.

4. Wasche mich wohl von meiner Missethat, und reinige mich von meiner Sünde.

5. Denn ich erkenne meine Missethat, und meine Sünde ist immer vor mir.

6. An Dir allein hab' ich gesündiget, und übel vor Dir gethan; auf daß du Recht behaltest in deinen Worten, und rein bleibest, wenn du gerichtet wirst.

7. Siehe, ich bin aus sündlichem Samen gezeuget, und meine Mutter hat mich in Sünden empfangen.

8. Siehe, Du hast Lust zur Wahrheit, die im Verborgenen liegt: Du lässest mich wissen die heimliche Weisheit.

9. Entsündige mich mit Ysopen, daß ich rein werde; wasche mich, daß ich schneeweiß werde.

10. Laß mich hören Freude und Wonne, daß die Gebeine fröhlich werden, die Du zerschlagen hast.

4

11. Verbirg Dein Antlitz von meinen Sünden, und tilge alle meine Missethat.

12. Schaffe in mir, Gott, ein rein Herz, und gib mir einen neuen gewissen Geist.

13. Verwirf mich nicht von Deinem Angesicht, und nimm Deinen heiligen Geist nicht von mir.

14. Tröste mich wieder mit Deiner Hülfe, und der freudige Geist erhalte mich.

15. Denn ich will die Uebertreter Deine Wege lehren, daß sich die Sünder zu Dir bekehren.

16. Errette mich von den Blutschulden, Gott, der Du mein Gott und Heiland bist, daß meine Zunge Deine Gerechtigkeit rühme.

17. Herr, thue meine Lippen auf, daß mein Mund Deinen Ruhm verkündige.

18. Denn Du hast nicht Lust zum Opfer; ich wollte Dir es sonst wohl geben, und Brandopfer gefallen Dir nicht.

19. Die Opfer, die Gott gefallen, sind ein geängsteter Geist: ein geängstetes und zerschlagenes Herz wirst Du, Gott, nicht verachten.

20. Thue wohl an Sion nach Deiner Gnade, baue die Mauern zu Jerusalem.

21. Dann werden Dir gefallen die Opfer der Gerechtigkeit, die Brandopfer und ganzen Opfer: dann wird man Farren auf Deinem Altare opfern.

Einige Stellen allgemeinen Inhalts aus Gottes Wort.

Das ist je gewißlich wahr und ein theuer werthes Wort, daß Christus Jesus gekommen ist in die Welt, die Sünder selig zu machen. 1 Tim. 1, 15.

Wahrlich, wahrlich, Ich sage euch, wer da glaubet an Mich, der hat das ewige Leben. Joh. 6, 47.

Jesus sagte zu ihm: Ich bin der Weg, die Wahrheit und das Leben; Niemand kommt zum Vater außer durch Mich. Joh. 14, 6.

Was immer ihr bitten werdet in Meinem Namen, das will Ich euch geben. Joh. 14, 13.

Wenn ihr Mich liebet, so haltet Meine Gebote. Joh. 14, 14.

Liebe Herren! was muß ich thun, daß ich selig werde? Und sie sagten: Glaube an den Herrn Jesum Christum, so wirst du und dein Haus selig. Apostelg. 16, 30. 31.

Sei getreu bis in den Tod, so will Ich dir die Krone des Lebens aufsetzen. Off. 2, 10.

Rufe Mich an in der Noth, so will Ich dich erretten, und du wirst Mich preisen. Psalm 50, 15.

So wir unsere Sünden bekennen, so ist Gott treu und gerecht, daß Er uns unsere Sünden vergibt und reiniget uns von aller Untugend. 1 Joh. 1, 9.

Der Wein macht lose Leute, und stark Getränke macht wilde; wer dazu Lust hat, wird nimmer weise. Sprüche 20, 1.

Wer Mich bekennen wird vor den Leuten, den will Ich auch bekennen vor Meinem himmlischen Vater. Matth. 10, 32.

So ist nun nichts mehr Verdammliches an Denen, die in Christo Jesu sind, die nicht mehr nach dem Fleische wandeln, sondern nach dem Geiste. Römer 8, 1.

Die zehn Gebote.

I. Ich bin der Herr dein Gott; du sollst keine andere Götter neben mir haben.

II. Du sollst dir kein Bildniß noch irgend ein Gleichniß machen, weder deß, das oben im Himmel, noch deß, das unten auf Erden ist. Ich, der Herr dein Gott, bin ein starker, eifriger Gott, der über die, so mich hassen, die Sünden der Väter heimsuchet an den Kindern, bis ins dritte und vierte Glied: aber denen, die mich lieben und meine Gebote halten, thue ich wohl bis ins tausendste Glied.

III. Du sollst den Namen des Herrn deines Gottes nicht unnützlich führen. Denn der Herr wird Den nicht ungestraft lassen, der Seinen Namen mißbrauchet.

IV. Du sollst den Feiertag heiligen. Sechs Tage sollst du arbeiten, aber am siebenten Tage sollst du ruhen von deiner Arbeit. In sechs Tagen schuf Gott Himmel und Erde, das Meer, und alles was darinnen ist, und ruhete am siebenten Tage; deßwegen segnete der Herr den Sabbath und heiligte ihn.

V. Ehre deinen Vater und Mutter, auf daß dir's wohlgehe, und du lange lebest auf Erden.

VI. Du sollst nicht tödten.

VII. Du sollst nicht ehebrechen.

VIII. Du sollst nicht stehlen.

IX. Du sollst kein falsches Zeugniß reden wider deinen Nächsten.

X Du sollst nicht begehren deines Nächsten Haus. Du sollst nicht begehren deines Nächsten Weib, Knecht, Magd, Vieh, oder alles was sein ist.

Lieder.

I.

Vaterlandslied.

Beschirm' uns, Herr, bleib' unser Hort,
    Erhalte Wohlfahrt fort und fort,
Und sich're Freiheit, Fried' und Recht
Uns und dem spätesten Geschlecht.

Der Staaten großer Bruderbund
Steh' unverrückt auf seinem Grund:
Auf Deiner Gnad' und Gütigkeit,
Auf Wahrheit und Gerechtigkeit.

Die uns regieren, leite, Herr!
Daß sie es thun zu Deiner Ehr',
Dem Vaterland ein Segen sei'n,
Und Deiner Hülfe sich erfreu'n!

Der Bürger Treue mehre sich;
Durch Sinn und Thaten preise Dich
Das Volk, das Deine Rechte kennt,
Und Dich nur seinen König nennt.

Die Meinung trenne Herzen nicht;
Ein Jeder thue seine Pflicht,
Und denke, daß vereint wir stehn,
Getrennet aber untergehn.

Herr, sende Freiheit, Fried' und Recht
Dem ganzen menschlichen Geschlecht.
Dir schall' der Völker Lobgesang
Vom Aufgang bis zum Niedergang!

Der deutsche Mann.

II.

Wer ist ein Mann?   Der beten kann,
Und Gott dem Herrn vertraut
Er zaget nicht,   Wenn Alles bricht,
Dem Frommen nimmer graut. :,:

Wer ist ein Mann?   Der glauben kann
Inbrünstig, wahr und frei,
Denn diese Wehr   Trügt nimmermehr,
Die bricht kein Feind entzwei. :,:

Wer ist ein Mann?   Der streiten kann
Für Gott und Vaterland.
Er läßt nicht ab   Bis in das Grab,
Mit Herz und Mund und Hand. :,:

Soldaten Morgenlied.

III.

Erhebt euch von der Erde,
   Ihr Schläfer aus der Ruh!

Schon wiehern uns die Pferde
Den guten Morgen zu.
Die lieben Waffen glänzen,
So hell im Morgenroth;
Man träumt von Siegeskränzen,
Man denkt auch an den Tod.

Du reicher Gott in Gnaden
Schau her vom blauen Zelt!
Du selbst hast uns geladen
In dieses Waffenfeld.
Laß uns vor Dir bestehen,
Und gib uns heute Sieg;
Die Christenbanner wehen,
Dein ist, o Herr! der Krieg.

Ein Morgen soll noch kommen,
Ein Morgen mild und klar;
Sein harren alle Frommen,
Ihn schaut der Engel Schaar.
Bald scheint er sonder Hülle
Auf jeden deutschen Mann,
O brich, du Tag der Fülle,
Du Freiheitstag, brich an.

Dann Klang von allen Thürmen,
Und Klang aus aller Brust,
Und Ruhe nach den Stürmen,
Und Lieb' und Lebenslust!
Es schallt auf allen Wegen
Dann frohes Kriegsgeschrei;
Und ihr, ihr wackern Degen,
Wir waren auch dabei.

Abendlied.

IV.

Der Mond ist aufgegangen,
   Die gold'nen Sternlein prangen
Am Himmel hell und klar;
Der Wald steht schwarz und schweiget,
Und aus den Wiesen steiget
Der weiße Nebel wunderbar.

Wie ist die Welt so stille,
Und in der Dämm'rung Hülle
So traulich und so hold,
Als eine stille Kammer,
Wo ihr des Tages Jammer
Verschlafen und vergessen sollt.

Seht ihr den Mond dort stehen? —
Er ist nur halb zu sehen,
Und ist doch rund und schön;
So sind wohl manche Sachen
Die wir getrost belachen,
Weil unsre Augen sie nicht sehn.

Wir stolze Menschenkinder
Sind eitel arme Sünder,
Und wissen gar nicht viel;
Wir spinnen Luftgespinnste
Und suchen viele Künste,
Und kommen weiter von dem Ziel.

Gott, laß Dein Heil uns schauen,
Auf nichts Vergänglich's trauen,
Nicht Eitelkeit uns freun;

Laß uns einfältig werden,
Und vor Dir hier auf Erden
Wie Kinder fromm und fröhlich sein!

Wollst endlich sonder Grämen
Aus dieser Welt uns nehmen
Durch einen sanften Tod;
Und wenn Du uns genommen,
Laß uns in Himmel kommen,
Du unser Herr und unser Gott.

So legt euch dann, ihr Brüder
In Gottes Namen nieder!
Kalt ist der Abendhauch.
Verschon' uns, Gott, mit Strafen
Und laß uns ruhig schlafen,
Und unsern kranken Nachbar auch.

V.

Ich und du für's Vaterland.

Der Feige spricht: „ich geb' mich preis,
Geht's nicht gleich hunderttausend-weis':
Soll's sein, wird's ohn' mich auch gethan,
Auf mich kommt's wohl nicht eben an!"

Du Thor! Auf dich und mich kommt's an!
Wollst' nur, und du bist tausend Mann:
Zehntausend fallen dann im Nu
Dir und der guten Sache zu!

Auf dich und mich ist fest gezählt;
Nichts wird, wenn unser Arm nur fehlt;
Wir beide eben sind das Seil,
D'ran hängt des Vaterlandes Heil.

5

Der Starke ist gemeiniglich
Am stärksten, so er steht für sich.
Wer sich für's Ganze herzhaft stellt,
Ist in sich eine halbe Welt.

Und opferst du dich auch, wohlan!
Vergebens stirbt kein Ehrenmann.
Aus deinem Blut ein Phönix springt,
Der dich und seine Zeit verjüngt.

Aus deiner Asche kommt ein Schwan,
Wie dort bei Huß, fliegt himmelan,
Und singt von bessern Zeiten wahr,
Wär's auch erst über hundert Jahr.

Und stimmt mit Luther wohlgemuth:
Laß fahren hin Leib, Ehr' und Gut!
Reich Gottes muß uns bleiben doch!
Und bleibt uns das, was fehlt uns noch?

VI.

Schlachtgesang.

Auf! und laßt die Fahnen fliegen!
    Schwerter, öffnet uns die Bahn!
Gott mit uns zum Kampf und Siegen!
Feinde, bebt, die Rächer nah'n,
Die Rächer nah'n.

Tief in Feindes Auge schauen,
Treu vereint in Sturmesnoth,
Heißt auf unsern Gott vertrauen!
Freiheit oder Heldentod,
Ja Heldentod!

Ha, wie schön die Donner tönen!
Blitze flammen durch den Dampf!
Sieg, du leuchtest deinen Söhnen!
Vorwärts, Brüder, in den Kampf!
Fort in den Kampf! —

VII.
Fürbitte für die Obrigkeit.
Mel. Es ist gewißlich an der Zeit.

Dank Dir, Herr! für die Obrigkeit;
    Du gabst sie uns auf Erden,
Mit Wohlstand und mit Sicherheit,
Durch sie beglückt zu werden.
Verleih' ihr Weisheit, Trieb und Kraft,
Was wahres Wohl dem Lande schafft,
Mit Sorgfalt wahrzunehmen.

Beschirme sie durch Deinen Schutz,
Daß, die ihr Uebels gönnen,
Mit ihrer List, mit ihrem Trutz,
Ihr niemals schaden können.
Nie fehle jeder guten That,
Die sie sich vorgenommen hat,
Dein segnendes Gedeihen.

VIII.
Fürbitte für die Landesregierung.
Mel. Herr Jesu Christ, Dich—

Herr! alle Reiche dieser Welt,
    Die werden, wann es Dir gefällt,
Einst Deinem Scepter unterthan,
Dann fängt ihr wahres Glück erst an.

Ja, Herr! schon jetzt regierest Du,
Wend'st Kriege ab, schaffst Fried' und Ruh',
Gibst Wohlstand, Eintracht, Sicherheit,
Und was des Menschen Herz erfreut.

Ach, gib doch unserm Präsident,
Daß er Dich in der Wahrheit kennt,
Verleih' ihm Weisheit, Muth und Kraft,
Daß er des Landes Wohlfahrt schafft.

Dem hohen Rath vom ganzen Land
Gib Du, Herr! Weisheit und Verstand;
Und wer auf List und Bosheit fällt,
Herr! der sei Dir anheimgestellt.

Die Obrigkeit in jedem Staat,
Die leite, Herr! nach Deinem Rath;
Laß sie der Unschuld Zuflucht sein,
Und alle Redlichen erfreun.

IX.
Der Gefangenen Hoffnung.
Mel. Schaffet, schaffet, Menschenkinder.

Wann der Herr einst die Gefang'nen
　　Ihrer Bande ledig macht,
O dann schwinden die vergang'nen
Leiden, wie ein Traum der Nacht.
Dann wird unser Herz sich freu'n,
Unser Mund voll Lachens sein;
Jauchzend werden wir erheben
Den, der Freiheit uns gegeben.

Ernten werden wir mit Freuden,
Was wir weinend ausgesät;

Jenseits reift die Frucht der Leiden,
Und des Sieges Palme weht.

Unser Gott auf seinem Thron,
Er, Er selbst ist unser Lohn;
Die Ihm lebten, die Ihm starben,
Bringen jauchzend ihre Garben.

———

X.

„Auf daß sie alle Eines seien.‟

Der Du noch in der letzten Nacht,
  Eh' Du für uns erblaßt,
Den Deinen von der Liebe Macht
  So schön geprediget hast:

Erinn're Deine kleine Schaar,
  Die sich sonst leicht entzweit,
Daß Deine letzte Sorge war,
  Der Glieder Einigkeit.

———

XI.

Völlige Ueberlassung an Gottes Willen.

Liebwerther, süßer Gotteswille,
  Mein Ankergrund, mein sich'res Schloß,
Des Geistes unverrückte Stille:
Ich schmiege mich in Deinen Schoos.

O Wille, mach' es nach Belieben,
Mit mir in Zeit und Ewigkeit:
Gib Freude, oder gib Betrüben;
Dich lieben ist die Seligkeit.

XII.

Gottvertrauen.

Wir hatten gebauet
  Ein stattliches Haus
Und drinn auf Gott vertrauet
Trotz Wetter, Sturm und Graus.

Wir lebten so traulich
So innig, so frei,
Den Schlechten ward es graulich,
Wir hielten gar zu treu.

Sie lugten, sie suchten
Nach Trug und Verrath;
Verläumdeten, verfluchten
Die junge, grüne Saat.

Was Gott in uns legte,
Die Welt hat's veracht't,
Die Einigkeit erregte
Bei Guten selbst Verdacht.

Man schalt es Verbrechen;
Man täuschte sich sehr,
Die Form kann man zerbrechen,
Die Liebe nimmermehr.

Die Form ist zerbrochen,
Von Außen herein,
Doch was man drin gerochen
Ist nimmer Dunst und Schein.

Das Band ist zerschnitten,
War roth, weiß und blau,
Und Gott hat es gelitten,
Daß zerstöret ward der Bau.

Das Haus mag zerfallen,
Was hat es denn für Noth?
Der Geist lebt in uns Allen,
Und unsere Burg ist Gott.

XIII.
Bundeslied vor der Schlacht.

Ahnungsgrauend, todesmuthig, bricht der große
          Morgen an,
Und die Sonne, kalt und blutig, leuchtet uns'rer
          blut'gen Bahn.
In der nächsten Stunde Schooße liegt das Schick-
          sal einer Welt,
Und es zittern schon die Loose und der eherne Wür-
          fel fällt.
Brüder, euch mahne die dämmernde Stunde,
Mahne euch ernst zu dem heiligen Bunde,
Treu so zum Tod, wie zum Leben gesellt.

Hinter uns im Grau'n der Nächte, liegt die Schande,
          liegt die Schmach,
Liegt der Frevel feiger Knechte, die Amerika's Bund
          zerbrach.
Unsere Freiheit ward geschändet, unsere Ordnung
          stürzte ein,—

Unsere Ehre ist verpfändet: D'rauf! ihr Brüder,
    löst sie ein.
Brüder! die Rache flammt, reicht euch die Hände,
Löst das verlor'ne Palladium ein,

Nun mit Gott! wir wollen's wagen, fest vereint
    dem Schicksal steh'n;
Unser Herz zum Altar tragen und dem Tod entge-
    gen gehn.
Vaterland, dir woll'n wir sterben, wie dein großes
    Wort gebeut,
Uns're Lieben mögen's erben, was wir mit dem
    Blut befreit.
Du Sternenbanner, der Freiheit Zeichen, flatt're
    empor über unseren Leichen!
Vaterland höre den heiligen Eid!

Und nun wendet eure Blicke noch einmal der Liebe
    nach,
Scheidet von dem Blüthenglücke, das der gift'ge
    Süden brach.
Wird euch auch das Auge trüber, keine Thräne
    bringt euch Spott;
Werft den letzten Kuß hinüber, dann befehlt sie
    eurem Gott.
Alle die Lippen, die für uns beten, alle die Herzen,
    die wir zertreten,
Tröste und schütze sie ewiger Gott.

Und nun frisch zur Schlacht gewendet, Aug' und
    Herz zum Licht hinauf!
Alles Ird'sche ist vollendet und das Himmlische geht
    auf.

Faßt euch an, ihr freien Brüder! Jede Nerve sei
       ein Held!
Treue Herzen seh'n sich wieder; Lebewohl für diese
       Welt!
Hört ihr's? Schon jauchzet es donnernd entgegen;
Brüder hinein in den blitzenden Regen;
Wiedersehn in der besseren Welt!

XIV.
Vor der Schlacht.

Verzage nicht, o Häuflein klein!
    Obschon die Feinde willens sein,
Dich gänzlich zu verstören,
Und suchen deinen Untergang,
Davor dir recht wird angst und bang;
Es wird nicht lange währen.

Das tröste dich, daß deine Sach'
Ist Gottes; Dem befiehl die Rach';
Und laß allein ihn walten;
Er wird durch seinen Gideon,
Den Er wohl kennt, dir helfen schon,
Dich und das Land erhalten.

So wahr Gott Gott ist und sein Wort,
Muß Teufel, Welt und Höllenpfort,
Und was dem thut anhangen,
  Endlich werden zu Hohn und Spott;
Gott ist mit uns und wir mit Gott!
Den Sieg woll'n wir erlangen.

6

Drum sei getrost, du tapf'res Heer!
Streit ritterlich für Landes Ehr',
Und laß dir nimmer grauen!
Gott wird den Feinden nehm'n den Muth;
Daß sie sterben in ihrem Blut,
Wirst du mit Augen schauen.

XV.

Schlacht - Gebet.

Vater, ich rufe Dich:
    Brüllend umwölkt mich der Dampf der Geschütze,
Sprühend umzucken mich rasselnde Blitze.
Lenker der Schlachten, ich rufe Dich!
Vater, Du führe mich!

Vater, Du führe mich!
Führ' mich zum Siege, führ' mich zum Tode!
Herr! ich erkenne Deine Gebote,
Herr! wie Du willst, so führe mich,
Gott, ich erkenne Dich!

Gott, ich erkenne Dich!
So im herbstlichen Rauschen der Blätter,
Als im Schlachten = Donnerwetter
Urquell der Gnade erkenn' ich Dich,
Vater, Du segne mich!

Vater, Du segne mich!
In Deine Hände befehl ich mein Leben,
Du kannst es nehmen, Du hast es gegeben,
Zum Leben, zum Sterben segne mich,
Vater, ich preise Dich!

Vater, ich preise Dich!
's ist ja kein Kampf für die Güter der Erde;
Das Heiligste schützen wir mit dem Schwerte.
D'rum, fallend und siegend, preis' ich Dich;
Gott, Dir ergeb' ich mich!

Gott, Dir ergeb' ich mich!
Wenn mich die Donner des Todes begrüßen,
Wenn meine Adern geöffnet fließen;
Dir, mein Gott, ergeb' ich mich!
Vater, ich rufe Dich!

_____

XVI.

Jäger-Marschlied.

Hinaus in die Ferne mit lautem Hörnerklang:
  Die Stimmen erhebet zum männlichen Gesang!
Der Freiheit Hauch weht kräftig durch die Welt,
Ein freies, frohes Leben uns wohlgefällt.

Wir halten zusammen, wie treue Brüder thun,
Wenn Tod uns umtobet und wenn die Waffen ruhn.
Uns alle treibt ein reiner, froher Sinn,
Nach einem Ziele streben wir Alle hin.

Der Hauptmann, er lebe! Er geht uns kühn voran;
Wir folgen ihm muthig auf blut'ger Siegesbahn.
Er führt uns jetzt zu Kampf und Müh' hinaus.
Er führt uns einst, ihr Brüder, ins Vaterhaus.

Wer wollte wohl zittern vor Tod und vor Gefahr?
Vor Feigheit und Schande erbleichet unsere Schaar.
Und wer den Tod im heil'gen Kampfe fand,
Ruht auch in fremder Erde im Vaterland.

XVII.
Gebet vor der Schlacht.

Hör' uns, Allmächtiger!
    Hör' uns, Allgütiger!
Himmlischer Führer der Schlachten!
Vater, Dich preisen wir,
Vater, wir danken Dir,
Daß wir zur Freiheit erwachten.

Wie auch die Hölle braust,
Gott, Deine starke Faust
Stürzt das Gebäude der Lüge,
Führ' uns, Herr Zebaoth,
Führ' uns, dreiein'ger Gott,
Führ uns zur Schlacht und zum Siege.

Führ' uns — fall' unser Loos
Auch tief in Grabes Schooß,
Lob doch und Preis Deinem Namen.
Reich, Kraft und Herrlichkeit
Sind Dein in Ewigkeit.
Führ' uns, Allmächtiger! — Amen!

XVIII.
Saft vom Felsen.

Saft vom Felsen, Blut des Hirten,
    Segenspfand und Lösegeld,
Quell, die Schäflein zu bewirthen,
Strom im grünen Gartenfeld!

Göttlich labend, rein und helle,
Herströmt eine Lebensquelle.
Blut des Mittlers, stärke mich,
Daß ich würdig preise Dich!

———

XIX.

Die Worte des Glaubens.

Drei Worte nenn' ich euch, inhaltschwer,
   Sie gehen von Munde zu Munde,
Doch stammen sie nicht von Außen her,
   Das Herz nur gibt davon Kunde,
Dem Menschen ist aller Werth geraubt,
Wenn er nicht mehr an die drei Worte glaubt.

Der Mensch ist frei geschaffen, ist frei,
   Und würd' er in Ketten geboren,
Laßt euch nicht irren des Pöbels Geschrei,
   Nicht den Mißbrauch rasender Thoren.
Vor dem Sklaven, wenn er die Ketten bricht,
Vor dem freien Menschen erzittert nicht.

Und die Tugend, sie ist kein leerer Schall,
   Der Mensch kann sie üben im Leben,
Und sollt' er auch straucheln überall,
   Er kann nach dem Göttlichen streben.
Und was kein Verstand der Verständigen sieht,
Das übet in Einfalt ein kindlich Gemüth.

Und ein Gott ist, ein heil'ger Wille lebt,
   Wie auch der menschliche wanke,
Hoch über der Zeit und dem Raume webt
   Lebendig der höchste Gedanke,

Und ob Alles in ewigem Wechsel kreist,
Es beharret im Wechsel ein ruhiger Geist.

Die drei Worte bewahret euch, inhaltschwer,
    Sie pflanzet von Munde zu Munde,
Und stammen sie gleich nicht von Außen her,
    Euer Inneres gibt davon Kunde.
Dem Menschen ist nimmer sein Werth geraubt,
So lang' er noch an die drei Worte glaubt.

XX.

Das Zeugniß vom Gekreuzigten.

Du wollest uns das Kreuzgeheimniß lehren,
    Und unser sehnlich Bitten d'rum erhören!

Denn was dich Leben, Blut und Tod gekostet,
Da weiß man keine Zeit, wann Das verrostet.

Dein Wort, das springet über Wall und Mauern,
Und hat das Zeugniß, Alles auszudauern.

Wer will dem Blute Ziel und Schranken setzen,
Die Welt, Dein Volk und Alles durchzunetzen?

Was ruft Er aber, unser theurer Fürste?
Der alte Angstruf ist's: „Ich dürst', ich dürste!"

Nach Blut der Feinde, himmlischer Gebieter?—
Nein! nach dem Heil der feindlichen Gemüther!
             Römer 5, 8, 10.

Da möcht' Er, daß nicht Eines geh' verloren,
Sie Alle mit dem Liebespfeil durchbohren.

Und weil die Menschheit Ihn nicht reden höret,—
Ihr Ohr ist von dem Geist ganz weggekehret,—

So ruft der Heiland einer Wolke Zeugen,
Und lässet ihren Mund nicht stille schweigen.

Sie rufen überall mit lauten Tönen:
Ihr Menschen lasset euch mit Gott versöhnen!—

Wir wollen euch für Ihn gefangen nehmen,
So dürft ihr euch nicht unter's Schwert bequemen;

So dürft ihr einst nicht zu den Felsen sprechen:
O möchtet ihr auf uns zusammenbrechen!

Noch zu den Bergen schrei'n im Todesschrecken:
O möcht' uns euer Trümmerschutt bedecken!—

So, wie ihr seid, dürft ihr zum Heiland kommen,
Und kommt ihr nur, ihr werdet angenommen,

Ihr mögt so sündig sein, so voller Schanden,
Es ist ein dürstend Herz nach euch vorhanden.

Wer nur als Sünder sich erkennt in seinem Wesen,
Und nicht aus eig'nen Kräften will genesen,

Und liegt zu Jesu Füßen als erstorben,
Von solchen ist kein Einz'ger noch verdorben.

Und wär' er wie ein Bär, er wird zum Lamme;
Und wär' er kalt wie Eis, er wird zur Flamme;

Und wär' er todt wie Stein, er kommt zum Leben,
Und wird dem Sohn vom Vater übegeben.

Der Geist, der eilt darauf ihn auszuschmücken,
Von Außen auch, doch mehr an innern Stücken;

Von Außen sieht man was von Christi Sterben;
Wer's Inn're kennt, der sieht den Lebenserben.

Das ist nun unser ganzes Weltgeschäfte,
Dazu bekommen wir so Geist als Kräfte;

Zu zeugen denen, die verdammt zum Sterben:
Kommt her, wir wollen euch zu Bräuten werben,—

Zu Bräuten, für den schönsten aller Söhne,
Zum Geisteslob, zum sel'gen Heilsgetöne!

Wir wollen herzlich bei der Hand euch nehmen,
Und eures Elends uns gewiß nicht schämen!

Wir ehren's vor den Augen aller Heuchler
Und eigener Gerechtigkeits-Beschmeichler.

Wir wollen euch den Seelenkönig bringen,
Und wir versprechen euch: es soll gelingen!

Wie gut ist's, ein erlöstes Herz zu sehen!
Wie gönnt man ihm sein sanftes Wohlergehen! —

———

XXI.
Demüthige Bußseufzer.

O Jesu, schau, ein Sünder ganz beladen,
 Sich beugen will vor Deinem Thron der
  Gnaden,
Verstoß' mich nicht, Du tiefe Liebe Du.
Ach bringe mein gestörtes Herz in Ruh.

O Gotteslamm, o Jesu, mein Erlöser,
Die Sünd' ist groß, doch Deine Gnade größer:
Was soll ich Dir, Du Menschenhüter, thun?
Es ist geschehn, ich seh' und fühl' es nun.

Ich fühl' es nun, mein Herz ist ganz betrücket,
Und aus der Noth Dir diese Seufzer schicket;
Du hast mich selbst zerknirschet und verwund't;
Mach mich auch selbst, o Seelenarzt, gesund.

Ich will mich gern in Staub und Asche schmiegen,
Nur laß mich nicht in meinen Sünden liegen:
Umfasse mich, Du Meer der Freundlichkeit;
Ein armer Wurm um freie Gnade schreit.

Ach schau mich an, ich lieg' zu Deinen Füßen;
Dein theures Blut besprenge mein Gewissen;
Dein Gnadenwort mein Herze stille mir,
Und wirke d'rin Freimüthigkeit zu Dir.

Nimm endlich hin die Lasten, die mich drücken;
Erlöse mich von Satans Macht und Stricken.
Ach tödte ganz die Sündenlust in mir;
Dein Liebesblick zieh' Herz und Sinn zu Dir.

Herr! halte mich, sonst werd' ich immer fallen:
Laß mich doch Dir gefällig sein in Allen;
Regiere Du im Herzen nur allein,
Laß ewiglich da keine Sünd' hinein.

———

XXII.

Die versöhnende Gnade Jesu Christi.

Wie bist Du mir so innig gut,
  Mein Hoherpriester Du!
Wie theu'r und kräftig ist Dein Blut!
Es setzt mich stets in Ruh.

Wenn mein Gewissen zagen will
Vor meiner Sünden Schuld,
So macht Dein Blut mich wieder still,
Setzt mich bei Gott in Huld.

Es giebet dem bedrückten Sinn
Freimüthigkeit zu Dir,
Daß ich in Dir zufrieden bin,
Wie arm ich bin in mir.

Hab' ich gestrauchelt hie und da
Und will verzagen fast,
So spür' ich Dein Versöhnblut nah,
Das nimmt mir meine Last.

Es sänftigt meinen tiefen Schmerz
Durch seine Balsamskraft;
Es stillet mein gestörtes Herz,
Und neuen Glauben schafft.

Da kriechet dann mein blöder Sinn
In Deine Wunden ein;
Da ich dann ganz vertraulich bin:
Mein Gott! wie kann es sein?

Ich hab' vergessen meine Sünd',
Als wär' sie nie geschehn;
Du sprichst: Lieg' still in Mir, mein Kind,
Du mußt auf dich nicht sehn.

Wie kann es sein? Ich sag' es noch;
Herr, ist es auch Betrug?
Ich großer Sünder hab' ja doch
Verdienet Deinen Fluch.

Nein, Jesu, Du betrügest nicht,
Dein Geist mir Zeugniß gibt:
Dein Blut mir Gnad' und Fried' verspricht:
Ich werd' umsonst geliebt.

Umsonst will ich auch lieben Dich,
Mein Gott, mein Trost, mein Theil;
Ich will nicht denken mehr an mich;
In Dir ist all' mein Heil.

Weg, Sünde! bleib' mir unbewußt:
Kommt dieses Blut in's Herz,
So stirbet alle Sündenlust,
Der Sinn geht himmelwärts.

O nein! ich will und kann nicht mehr,
Mein Freund, betrüben Dich:
Dein Herz verbind't mich allzusehr;
Ach bind' mich ewiglich.

Zeuch mich in Dein versöhnend Herz,
Mein Jesu, tief hinein;
Laß es, in aller Noth und Schmerz,
Mein Schloß und Zuflucht sein.

Kommt, groß' und kleine Sünder, doch,
Die ihr mühselig seid;
Dies liebend Herz steht offen noch,
Das euch von Sünd' befreit.

XXIII.

Durchbruch vom Sündentod zum Leben aus Gott.

Es muß hindurchgedrungen sein,
  Hindurch, hindurch zu einem neuen Leben, —
Aus unserm Tod in Christi Tod hinein!
Wir müssen Gott uns nackt und bloß ergeben.
Wer hiezu sich entschließet, der gewinnt,
Wird Gottes Kind!

Es muß gebrochen werden hier
Mit aller Eigenheit, mit allem Bösen,
Verachtet alles Hochmuths eigne Zier,
Sonst kann uns Christus nicht vom Tod erlösen.
Das greift erst recht das eigne Leben an,
Und bricht uns Bahn!

Heraus muß unser böses Herz,
Heraus das kleinste Brandmal im Gewissen;
Und kostet dieses auch viel bitt'ren Schmerz,
Wird doch das falsche Tugendbild zerrissen;
Das ist befleckt vor Gottes Angesicht,
Und tauget nicht.

Nur Christus ist das Ehrenkleid,
Darin ein Sünder freudevoll darf prangen;
Trotz aller Welt und Satans bitterm Neid

Kann Jeder hier schon zu dem Kleid gelangen,
Wenn er von Herzen sich dem Herrn ergibt,
Und Christum liebt.

Hindurch zur Neugeburt aus Gott,
Aus unserm Tod ins neue Geisteswesen!
Sonst treiben wir mit Christi Tod nur Spott,
Und können nicht vom schweren Fluch genesen,
Den Christus doch für uns erduldet hat
Nach Gottes Rath.

Aus unsrer Finsterniß heraus,
Hinein ins helle Sonnenlicht der Gnaden!
Hinzu zum Gnadenthron im Vaterhaus,
Wohin so ernst und sanft wir eingeladen!
O selig, wer, entfernt von dieser Welt,
Dahin sich stellt!

Im Ernste muß es sein gekämpft,
Mit Glaubensmacht hindurch zum reinen Lichte!
Er ist es selbst, der unsre Feinde dämpft
Und Satans List macht wider uns zunichte,
Nur sich versenkt in Jesu Sühnungstod:
So hat's nicht Noth!

Mit unserm treuen Jesus Christ,
Kann auch der Schwächste bald die Welt bezwingen;
Verlachen darf er aller Feinde List,
Und kann von Sieg in Friedenshütten singen,
Wenn er von Herzen sich dem Herrn verschreibt,
Und bei Ihm bleibt.

Das zeuget uns der heil'ge Geist:
Wo wahre Uebergabe nur geschehen,

Wird schnell Immanuel, der Jesus heißt,
Ein armes Herz zur Wohnung sich ersehen;
Dann wirkt Er fort, und endlich tönt's mit Macht:
Es ist vollbracht!

XXIV.

Wach' und bete.

Mache dich, mein Geist, bereit,
    Wache, fleh und bete,
Daß dir nicht die böse Zeit,
Plötzlich nahe trete;
Unverhofft   Ist schon oft
Ueber viele Frommen
Die Versuchung kommen.

Aber wache erst recht auf
Von dem Sündenschlafe,
Denn es folget sonst darauf
Eine lange Strafe;
Und die Noth   Sammt dem Tod
Möchte dich in Sünden
Unvermuthet finden.

Wache, nimm dich wohl in acht,
Trau nicht deinem Herzen;
Leichtlich kann, wer's nicht bewacht,
Gottes Huld verscherzen;
Denn es ist   Voller List,
Kann bald Schwachheit heucheln,
Bald im Stolz sich schmeicheln.

Bete aber auch dabei
Mitten in dem Wachen,
Denn der Herr muß selbst dich frei
Von dem allen machen,
Was dich drückt Und bestrickt,
Daß du schläfrig bleibest
Und sein Werk nicht treibest.

XXV.
Die Macht des Glaubens.

Ein' feste Burg ist unser Gott,
Ein' gute Wehr und Waffen;
Er hilft uns frei aus aller Noth,
Die uns jetzt hat betroffen.
Der alt' böse Feind,
Mit Ernst er's jetzt meint;
Groß Macht und viel List
Sein' grausam Rüstung ist;
Auf Erd' ist nicht sein's Gleichen.

Mit unsrer Macht ist nichts gethan,
Wir sind gar bald verloren;
Es streit' für uns der rechte Mann,
Den Gott selbst hat erkoren.
Fragst du, wer der ist?
Er heißt Jesus Christ,
Der Herr Zebaoth,
Und ist kein and'rer Gott;
Das Feld muß Er behalten.

Und wenn die Welt voll Teufel wär',
Und wollt' uns gar verschlingen,
So fürchten wir uns nicht so sehr,

Es muß uns doch gelingen.
Der Fürst dieser Welt,
Wie sau'r er sich stellt,
Thut er uns doch nichts;
Das macht, er ist gericht't;
Ein Wörtlein kann ihn fällen.

Das Wort sie sollen lassen stahn,
Und keinen Dank dazu haben.
Gott ist bei uns wohl auf dem Plan
Mit seinem Geist und Gaben.
Nehmen sie den Leib,
Gut, Ehr', Kind und Weib;
Laß fahren dahin!
Sie haben's kein'n Gewinn;
Das Reich muß uns doch bleiben!

XXVI.

Keuschheit und Mäßigkeit.

Fleuch, Wollust, die an Qualen reich!
  Du bist der ärgsten Seuche gleich.
Dein Gift verderbt, verbrennt, verflucht
Ein Herz, das deine Flammen sucht!

O mache, Jesu, Gottes Sohn,
Mein Herz zu Deinem Liebesthron,
Zur Welt, darin D e i n Element, —
Zum Tempel d'rinn Dein Feuer brennt!

Treib' aus, was in mir wüst und wild;
Erneu' in mir Dein göttlich Bild.
Hilf mir, Herr, mäßig, keusch und rein
Durch Deines Geistes Triebe sein.

Ich habe nie mit Ernst bedacht,
Was Dich, mein Heil, an's Kreuz gebracht.
Wie kann, bei Deiner Qual und Pein,
Mein Herz noch voller Lüste sein?

Und warum sollt' ich meine Brust
Vergiften mit verbot'ner Lust,
Weil ja ihr Ende Fluch nur heißt,
Das uns zur tiefen Hölle reißt?

Ein Augenblick, der h i e r ergötzt,
Wird nur von Thoren hoch geschätzt.
Auf einen Tropfen Fröhlichkeit
Erfolgt ein Meer voll Herzeleid.

Schaff' in mir, Gott, ein neues Herz,
Bewahre mich vor schnödem Scherz,
Erneure meinen Geist und Sinn,
Wenn ich versucht von Wollust bin.

––––––

XXVII.

Geistliches Soldatenlied.

Wer will ein Jünger Jesu sein,
    Und nicht ein Widerchrist,
Der stell' sich auf dem Werbplatz ein,
    Wie er berufen ist!
Die rothe Fahne weht;
Wohl dem, der bei ihr steht.
    Die Trommeln schallen weit und breit:
    Frisch auf, frisch auf zum Streit!

8

Wer sich dem Himmelskönig dingt,
  Bekommt zur Liverey
Den Geist, der Heil und Segen bringt,
  Der macht ihn schön und neu;
Zum Handgeld und zum Sold
Mit Kreuz geprägtes Gold,
  Zur Nothdurft Brod und Wasser satt:
  Geduld zur Lagerstatt.

Für dieses wird man täglich sein
  In Waffen exercirt,
Bald truppenweis, bald ganz allein,
  Bald links, bald rechts geführt.
Man ziehet auf die Wacht,
Gibt auf die Order acht,
  Und also kommt man allgemach
  Dem Exercirten nach.

So liegt man erst in Garnison
  Mit Wall und Mau'r bedeckt,
Bis daß des Feindes Rauch und Ton
  Den Neuling nicht mehr schreckt.
Dann fällt man wirklich aus,
Und übet sich im Strauß,
  Verliert auch gern ein wenig Blut,
  Man wächst an Kraft und Muth.

Auch kommt es endlich gar zur Schlacht
  Mit manchem schwarzen Heer,
Das haut und sticht, und brennt und kracht,
  Da braucht man das Gewehr:
Den Glaubensschild, der schützt,
Ein Liebesfeu'r, das blitzt,

Gebet, das als ein scharfes Schwert
Durch Mark und Seele fährt.

Ist nun des Feindes Macht gedämpft,
    So folgt der Gnadenlohn;
Ein Jeder, welcher recht gekämpft,
    Kriegt eine Siegeskron,
Ein schönes Königreich,
    Da er, den Engeln gleich,
    Vor seinem Feldherrn jubilirt
Und ewig triumphirt.

XXVIII.
Streiterlied.

Auf, Christen! greifet zu den Waffen,
    Seht, wie des Feindes Fahnen wehn!
Jetzt ist es Zeit, sich aufzuraffen,
    Es gilt im Kampfe fest zu stehn;
Die Losung schallt im Siegeston:
Hie Schwert des Herrn und Gideon.

Das Schwert des Geistes lasset blinken,
    Das Wort von Gott in rechter Hand;
Den Glaubensschild faßt mit der Linken,
    Von heißer Gottes-Lieb' entbrannt;
Macht Feldgeschrei im Siegeston:
Hie Schwert des Herrn und Gideon.

Es wird der Mühe sich verlohnen,
    Nur fest das Ziel ins Aug' gefaßt!
Es warten unsrer Lebenskronen
    Dort nach des Kampfes Müh' und Last.

Kühn sprechen wir dem Feinde Hohn:
Hie Schwert des Herrn und Gideon.

Herr Jesu! starker Hort der Deinen,
　Der Du so herrlich schon gesiegt,
Laß Deine Hülfe uns erscheinen,
　Bis Alles Dir zu Füßen liegt:
Wir trau'n auf Dich und jauchzen schon:
Hie Schwert des Herrn und Gideon.

———

XXIX.

Frisch drauf und dran.

Drum gehet tapfer an, ihr meine Kriegsgenossen,
　Schlagt ritterlich darein! Euer Leben unver=
　　　　　　　　　　　　　drossen
Für's Vaterland aufsetzt, von dem ihr solches auch
Zuvor empfangen habt; das ist der Ehre Brauch.

Euer Herz und Auge laßt mit Eiferflammen brennen,
Keiner vom Andern sich, menschlich Gewalt laß
　　　　　　　　　　　　　trennen,
Keiner den Andern durch Kleinmuth je erschreck',
Noch durch sein' Flucht im Heer ein' Unordnung
　　　　　　　　　　　　　erweck'.

Kann er nicht fechten mehr, er doch mit seiner
　　　　　　　　　　　　　Stimme;
Kann er nicht sprechen mehr, mit seiner Augen
　　　　　　　　　　　　　Grimme

Den Feinden Abbruch thun in seinem Heldenmuth,
Nur wünschend, daß er theu'r verkaufen mög' sein
Blut.

Ein Jeder sei bedacht, wie er das Lob erwerbe,
Daß er in männlicher Postur und Stellung sterbe,
An seinem Ort besteh', fest mit den Füßen sein
Und beiß' die Zähn zusamm' und beide Lefzen ein.

Daß seine Wunden sich lobwürdig all' befinden
Lavornen auf der Brust und keine nicht dahinten.
Daß sich der Todte selbst auch in dem Tode zier'
Und man in sein'm Gesicht sein'n Ernst und Leben
spür'.

So muß, wer Tyrannei geübriget will leben,
Er seines Lebens sich freiwillig vorbegeben;
Wer nur des Tod's begehrt, wer nur frisch geht
dahin,
Der hat den Sieg und dann das Leben zu Gewinn.

XXX.
Die Macht der Liebe.

Ich bete an die Macht der Liebe,
　　Die sich in Jesu offenbart;
Ich geb' mich hin dem freien Triebe,
　　Mit dem ich Wurm geliebet ward;
Ich will, anstatt an mich zu denken,
Ins Meer des Liebe mich versenken.

Wie bist Du mir so hoch gewogen,
　　Und wie verlangt Dein Herz nach mir!

Durch Liebe sanft und stark gezogen,
  Neigt sich mein Alles auch zu Dir.
Du, theure Liebe, gutes Wesen,
Du hast mich, ich hab' Dich erlesen!

Ich fühl's, Du bist's, ich muß Dich haben
  Ich fühl's, ich muß für Dich nur sein;
Nicht im Geschöpf, nicht in den Gaben,
  Mein Leben ist in Dir allein!
Hier ist die Ruh', hier ist Vergnügen:
D'rum folg' ich Deinen sel'gen Zügen!

Dein ewig ist mein Herz und Leben,
  Erlöser, Du mein einzig Gut!
Du hast für mich D i c h hingegeben
  Zum Heil durch Dein Erlösungsblut!
Du Heil des schweren, tiefen Falles,
Für Dich ist ewig Herz und Alles!

Ich liebt' und lebte recht im Zwange,
  Als ich m i r lebte o h n e Dich.
Ich wollte Dich nicht, ach so lange:
  Doch liebtest Du und suchtest mich.
O wenn doch dies der Sünder wüßte,
Sein Herz gar bald Dich lieben müßte.

O Jesu, daß Dein Name bliebe,
  Im Geist mir, drück' ihn tief hinein!
Laß Deine süße Jesus-Liebe
  In Herz und Sinn gepräget sein!
In Wort und Werk, in allem Wesen
Sei Jesus, und sonst nichts, zu lesen!

In Deinem theuren, heil'gen Namen
  Eröffnet sich des Vaters Herz;
Da find' ich lauter Ja und Amen,
  Und Trost und Heilung für den Schmerz.
O daß doch dies der Sünder wüßte,
Sein Herz gar bald Dich lieben müßte.

Preis sei dem hohen Jesusnamen,
  In dem der Liebe Quell entspringt!
Von dem hier alle Ströme kamen,
  Aus dem die sel'ge Schaar dort trinkt!
Wie beugen sie sich ohne Ende,
Wie falten sie die frohen Hände!

Fingerzeige für die Soldaten.

Reinlichkeit ist nicht nur die Quelle für Bequemlichkeit, sondern die Hauptsache für Gesundheit. Halte die Füße trocken, und meide den Luftzug nach einer Ueberhitzung. Ein Trunk kaltes Wasser, oder kalten Thee, ist viel besser nach einer Ermüdung, als ein berauschendes Getränk.

Ein Hemd von Flannel, oder ein breites Band desselben um den Leib, ist eine gute Vorsicht gegen Krankheit.

Nüchternheit in jeder Hinsicht ist das beste Mittel für Gesundheit.

Verschwende dein Geld nicht; gebrauche es vortheilhaft; und solltest du eine Familie haben, so sende den Deinigen einen Theil deiner Bezahlung.

Benütze deine Mußestunde im Lesen guter Bücher, hauptsächlich der Bibel.

Thue Gutes an deinen Kameraden, und entschließe dich, niemals mit ihnen zu zanken.

Enthalte dich des Zorns, wenn du beleidigt wirst, und vergelte Böses mit Gutem.

Niemals gebe deine Zunge zu ruchloser Sprache, oder unnützigem Reden.

In allen Sachen setze ein gutes Beispiel für Andere.

Strebe, immer fröhlich zu sein, und darum behaupte ein gutes Gewissen.

Wähle dir solche Gesellschafter, welche Tugend und Verstand besitzen.

Ueber alles bedenke, daß deine Seele mehr Werth hat, als die ganze Welt, und suche Gottes Gnade und Beistand, und die Freundschaft des holdseligen Erlösers, welcher gesagt hat: „Kommet her zu Mir alle, die ihr mühselig und beladen seid, Ich will euch Ruhe geben. Nehmet mein Joch auf euch, und lernet von Mir, denn Ich bin sanftmüthig und von Herzen demüthig, so werdet ihr Ruhe finden für eure Seele. Denn Mein Joch ist sanft, und Meine Last ist leicht.“

Und möge Gott mit euch sein.